MARKUS

STATIONEN
EINER
REPUBLIK

LAPPAN

Dieses Buch erscheint in Zusammenhang
mit der großen Wanderausstellung
Markus – Stationen einer Republik
Wir danken dem Verlag Gruner & Jahr, Hamburg
für die vielfältige und wertvolle Hilfe,
besonders Bernd Bartmann,
und ganz besonders
Ernestine von Salomon.

*Koordination und Betreuung
der Wanderausstellung:*
Ausstellungsbüro Fahrenberg
Ritterplan 3, 37073 Göttingen

© 1994 Lappan Verlag GmbH
Würzburger Straße 14, 26121 Oldenburg
Gesamtherstellung: New Interlitho S.P.A., Trezzano
Printed in Italy, ISBN 3-89082-491-9

Bekenntnisse eines Markus-Fans

Fan wird man nicht von einem Tag zum anderen. In die Begeisterung schlittert man hinein wie in eine Sucht - man stellt eines Tages fest, daß ein Künstler, ein Sportler, ein Popstar etwas liefert, auf das man nicht mehr verzichten kann.

Mit dem Ausschneiden fing es an. In der goldenen Frühphase der deutschen Sexualaufklärung fand ich die Markus-Zeichnungen besonders sexy: „Du kannst einen Moment mit dem Stöhnen aufhören, ich muß eben die Kassette umdrehen" war ein Blatt, über das ich heute noch lachen kann, ebenso über die gerade im Ferienhotel eingetroffenen Ehepaare beim ersten Kennenlernen: „Wir heißen Müller - packen wir erst aus oder sollen wir gleich tauschen?"

Damals legte ich ein Dutzend dieser Zeichnungen in mein Mäppchen für Unanständiges, heute sehe ich sie bereits stilkritisch-historisch ...

Die Grundtendenz des Markusschen Witzes war bereits definiert: Der Einfall, ein Satz, eine Situation erfolgt als Initialzündung, danach kommt die Ausführung mit den richtigen Akteuren im richtigen Ambiente. Das Intimverhalten dieser meist durchschnittlichen Personen wirkt bei aller Progressivität der Sitten merkwürdig unfrei und genormt und kitzelt unser Lachen heraus, weil auch wir einen Teil dieser Verklemmtheit in uns tragen und wie die Protagonisten in Schnitzlers „Reigen" weit mehr unter dem Diktat von Moden und Gruppenverhalten handeln, als wir wissen.

Als ich älter und „reifer" wurde, begann ich mich auch für die politischen Witzzeichnungen zu interessieren. Eine Hauptforderung an den Karikaturisten ist die Ähnlichkeit seiner Gestalten. Ein Zeichner, der auf die Brust seiner Figuren „Kohl" oder „Genscher" schreiben muß, kann nicht ernstgenommen werden. Markus gelingt es, auch die neuen, weniger bekannten Politiker und Politikerinnen, Frauen mit langen Doppelnamen, Männer auf wenig einflußreichen Pöstchen, mit knappen Strichen für jedermann sofort erkennbar hinzukriegen.

Die isolierte Haarlocke auf der Stirn des wie mit schartigem Messer geschnitzten Willy-Brandt-Profils oder die drei oder vier sich kreuzenden Striche, die die Sorgenfalten unseres jetzigen Bundeskanzlers ergeben, die scharfen Mundwinkel des Kettenrauchers Helmut Schmidt, die Pinocchio-Nase von Oskar Lafontaine, der Schnurrbart von Möllemann, die Hasenbäckchen von Genscher, die Brille von Blüm - die Leute sehen ähnlicher aus als in Wirklichkeit.

Nun zu den Situationen, in denen sie gezeigt werden: Es lebt alles von der Übertreibung, die manchmal ins Absurde gesteigert wird. Schließlich gehört Markus zur Generation des absurden Theaters, mit Ionesco und Beckett auf der Hochebene, Jerry Lewis oder Louis de Funés für den Massengebrauch. Aus dem Koalitionsgerangel am Konferenztisch macht Markus eine wüste Posse: Graf Lambsdorff geht mit der Krücke auf Waigel los, Frau Schwaetzer turnt im Deckenleuchter herum und zielt mit der abgebrochenen Bierflasche auf unseren Kanzler, dem bereits Mölleman leibhaftig im Nacken sitzt. Profilierungsneurosen auf der Markus-Bühne. Nicht nur in der Übersteigerung, auch in der Schärfe der Einzelheiten liegt die Stärke der Markusschen Charakterisierungskunst. „Jetzt mußt du aber wirklich etwas unternehmen, Helmut - in unserer Badewanne ist ein Asylbewerber!", so Hannelore, die Kanzlergattin. Man beachte seine Schuhe, Slingsandalen der Marke „Rieker", oben mit geflochtenem Einsatz, hinten offen mit Riemchen, gegen Fußpilzbildung noch gestern besprüht. Die kragenlose Strickjacke, wahrscheinlich moosgrün und mit Hornknöpfen, für DM 6,50 chemisch gereinigt. In der Hand des Kanzlers ein Viertele badischen Burgunders „Oberbergener Baßgeige", Jahrgang 1989, die Flasche zu DM 9,75. Auf dem hochglanzpolierten Messingbeistelltischchen mit echten Keramikkacheln das geliebte Pfeifchen. Der Kanzler sitzt im dezent-modernen Sessel unter der achtteiligen Glaszylinderlampe von Karstadt und scheint seinem Gesichtsausdruck nach eine Trachtenkapelle in einer Fernsehsendung zu sehen, die als „Melodie fürs Herz" oder so ähnlich aus einem süddeutschen Kurort gesendet wird. Auf alle Fälle will er nicht gestört werden, und jetzt kommt die Gattin mit sowas. Deutsche Gemütlichkeit, ins Gigantische gesteigert..

Böse? Natürlich böse, und die Bosheit steckt im Detail. Mit Markus erleben wir die Designgeschichte der letzten dreißig Jahre aufs neue. Ältere Paare lieben sich in Schleiflackbetten mit Pseudorokoko-Profilen, bei jüngeren stehen schon die postmodernen Glasschränke mit turmartigem Mittelteil, abgerundet oder eckig, im Raum. Alle Entwicklungen der Stehlampe werden vorgeführt, Lampenschirm mit Fransen, Kugellampe und die Minikräne italienischer Designer.

Der Damenrock war anfangs kurz - Minirock mit Blockabsatz - wurde dann länger und hob sich wieder. Heute gibt's Leggings

der spitzen Tolle über der Stirn ist Markus nicht entgangen. Bei den Männern tragen die Bürgerlichen den Einreiher über dem Bäuchlein der Selbstzufriedenheit. Die Alternativen mit Wallraff-Schnauzbart und großgemusterten Pullovern sind brummig und ahnen nicht, daß ihre Söhne sie schon heute als gestrig belächeln.

Ein Hauptelement ist die Perspektive. Ob Büro, Hotelzimmer, Wohnküche, Partykeller oder Kaufhaus - alle diese Räume sind mit vertrackten Überschneidungen, winkligen Deckenstrukturen und komplizierten Parkett- oder Fliesenböden perfekt konstruiert oder wirken doch so. Die Objekte in ihnen, Computer, Telefon, Bilder, Aktenregale, Heizkörper, Blumenvasen und Einkaufswagen, fügen sich ihnen mit selbstverständlicher Lässigkeit ein.

Die besondere Begabung von Markus ist die Gruppe, die er, ein Raffael der Witzzeichnung, in diese Architekturen wie in die Fresken des Vatikans hineinkomponiert. Die Menschen sind Typen und wirken zugleich wie Individuen. Sie kehren von Zeit zu Zeit wieder und werden unsere Bekannten.

Söhnchen im Ami-T-Shirt, daneben der alles durch seine Hornbrille abschätzende Karriere-Ehemann, dazu Onkel Klaus und Tante Inge aus Chemnitz, er mit zu kurzem Mantel und Schmalkrempenhut und sie mit selbstgemachter Dauerwelle. Im Hintergrund der Riesenrucksack eines reisewütigen Jugendlichen, eine Oma und, wie so oft, der schmallippige, hagere Mann mit Stirnglatze und spitzem Kinn, der hier, mit einer Schlägermütze getarnt, gerade in einen Zug steigt.

Es ist der Zeichner selbst. Markus, willst du uns verlassen? In der Tat, die Ära Markus könnte ja eines Tages zu Ende gehen - mit fünfundsechzig werden die meisten Menschen pensioniert. Was machen wir denn dann, die Markus-Fans?

Nun, dann gäbe es ja noch seine Bücher. Man sollte davon dieses Exemplar im Panzerkoffer unter dem ewigen Eis von Alaska vergraben, damit die Nachwelt nach drei Atomkriegen, dem Absterben der Wälder und Abschmelzen der Polkappen erfahren kann, wie wir Deutsche im Jahre 1994 waren.

Konrad Klapheck

1951

„Unser Erwin spielt wirklich schon ganz nett vom Blatt."

1957

1964

„Meine erste fleischfressende Züchtung!"

„Du hast das Bekenntnis zur Wiedervereinigung vergessen!"

1965

„Egal, ob es 20 Jahre her ist oder nicht -
das dürfte einem Blutordenträger nicht passieren!"

1966

„Ich habe gewußt, daß sich dieses Problem in nichts auflösen würde,
wenn wir die da drüben nur lange genug nicht anerkennen."

1966

Der Lotse geht von Bord

1967

„Mußt du denn immer vorher erst diskutieren?"

1968

„Eines muß man ihm lassen – die Krisen des letzten Jahres haben seinen persönlichen Stil nicht beeinflußt."

„Diesen Reformern ist immer noch nicht zu trauen –
er hat mich in die Backe gebissen!"

„Herr Präsident, ich melde, Befehl ausgeführt –
Vietnam endgültig von den Kommunisten befreit!"

1968

„Stellen Sie sich vor, was passiert wäre, wenn es diese schreckliche Pille damals schon gegeben hätte!"

1969

„Ihr Kinderlein kommet, o kommet doch all ..."

1969

1970

„Ich weiß, daß Sie bei Ihrer knappen Mehrheit jede Stimme brauchen -
aber könnte ich ihn nicht wenigstens noch zunähen?"

1970

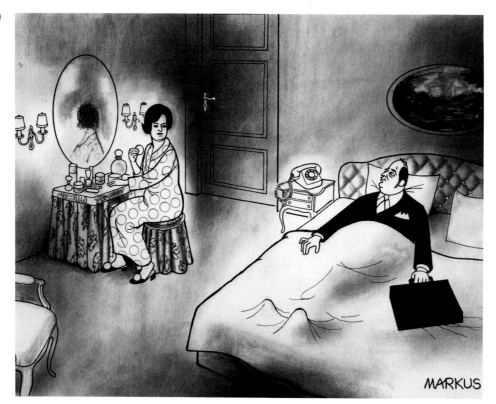

„Keine Angst, Rainer - diesmal wirst du garantiert
rechtzeitig zur Stelle sein, wenn die Regierung stürzt!"

1970

„Wenn es nicht in absehbarer Zeit zu einer neuen Vertreibung
kommt, wird unser Verband erhebliche Nachwuchssorgen haben!"

1970

„Du kannst die neuen Vorhänge doch bestellen - bis zum Herbst werden wir auf jeden Fall hier wohnen bleiben."

1971

„Selbstverständlich ist der Genosse Honecker gern zu weiteren Zugeständnissen bei den Berlinverhandlungen bereit!"

1971

„Könnten Sie Axel Springer nicht einen Teil der Prawda-Auflage drucken lassen, Herr Abrassimow, damit er endlich aufhört, die Viermächtegepräche zu stören?"

1972

„Wenn Helmut Schmidt bei Willys Weihnachtsfeier Orgel spielen darf, wollen wir vom linken Flügel wenigstens ein Gedicht aufsagen!"

1972

„Ich glaube, da vorn ist jetzt eine Parklücke!"

1972

„Tut mir leid, Herr Direktor -
aber wir haben darüber abgestimmt!"

1972

„... die Möhren 30 Minuten angaren, dann mit einem achtel Liter saurer Sahne abbinden und ..."

„Wir hätten Oma nicht soviel von der Emanzipation der Frau erzählen sollen - wer paßt jetzt übers Wochenende auf die Kinder auf?"

1973

„Sie meinen also immer noch, für die großen Aufgaben der Bundespolitik sei Helmut Kohl einfach zu provinziell?"

1973

„Hatten Sie nicht vor neun Monaten Ihre vielbeachtete Rede gegen den neuen § 218 gehalten, Exzellenz?"

1973

„Nach gründlicher Prüfung Ihrer Akte und der einschlägigen Bestimmungen müssen wir Ihnen mitteilen, daß Ihre Weiterbeschäftigung die freiheitlich-demokratische Grundordnung gefährden würde."

1974

„Sag Willy, er soll damit draußen spielen und uns nicht beim Regieren stören!"

1975

„Das Jahr der Frau fängt ganz schön beschissen an!"

1975

„Und jetzt wollen wir uns mal in aller Ruhe über Ihre Rolle als Parteivorsitzender unterhalten, Herr Kohl!"

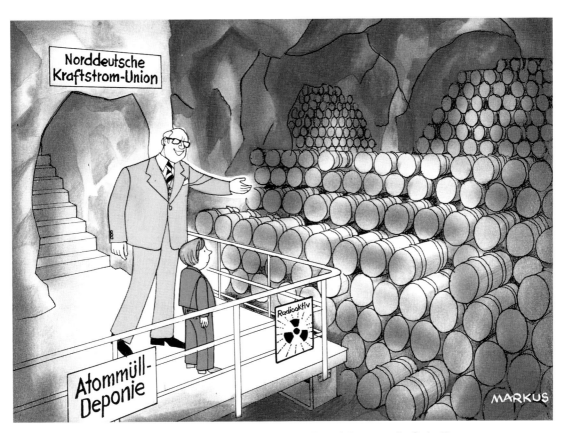

„Eines Tages wird das alles mal dir gehören, mein Sohn!"

„Es soll eine Überraschung für die nächste europäische Gipfelkonferenz werden."

1976

„Nun mal Spaß beiseite, Herr von Heereman - wieviel Milliarden wollen Sie für die Dürreschäden haben?"

1976

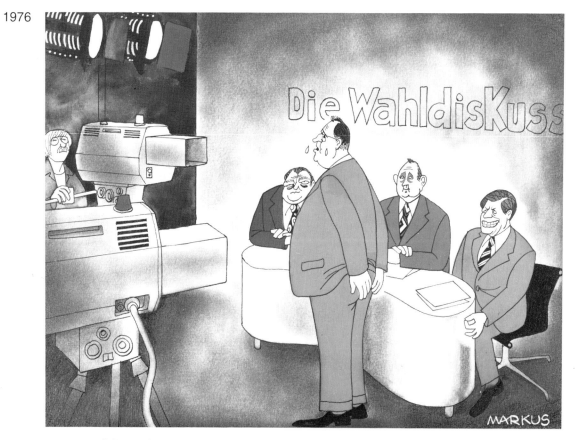

„Ich möchte die Menschen in diesem unserem Lande darauf hinweisen, daß der Bundeskanzler auch in der heutigen Diskussion wieder gekniffen hat!"

„Die zerstrittenen Genossen möchten, daß du ihnen
ein paar besänftigende Worte sagst!"

„Im Honorarstreit zwischen uns Krankenkassen und den
Zahnärzten sind die Fronten noch immer verhärtet!"

1977

„Sein alter Schwung ist wirklich hin - früher hat sich der Tiger nach spätestens einer halben Minute in die Ecke verkrochen!"

1977

„Ich bin zu Ihrer persönlichen Sicherheit da, Herr Bundeskanzler - von Rückenschrubben steht nichts in der Dienstanweisung!"

1977

„Und jetzt bringt Herr Dr. Schneider von Gesamtmetall seinen Protestsong gegen Gewerkschaftswillkür und Lohnterror zu Gehör!"

1977

„Ich habe nichts gegen Herbert Wehners Hobby - es sind die Figuren, die mich stören!"

1977

„Aber natürlich wird unsere Behörde mit Ihren ganz persönlichen Daten keinen Mißbrauch treiben - Sie altes Ferkel, Sie!"

1979

„Wir sollten Herrn Klose sagen, daß er sich fürs erste genug profiliert hat!"

1979

„Du mit deiner Scheiß-Bürgernähe!"

1978

„Natürlich wird Genscher uns zielbewußt in die Zukunft führen - aber erst nachdem er festgestellt hat, woher der Wind weht!"

1979

„Was sagen Sie zu dem Vorwurf, Herr Bundeskanzler, daß Sie sich in der Atomfrage aus der Verantwortung stehlen?"

„Iller, Lech, Isar, Inn
fließen zu der Donau hin -
Altmühl, Naab und Regen
fließen ihr entgegen!"

„Daß man sich auf den Wachttürmen in der ständigen Zugluft einen Schnupfen nach dem anderen holte - davon ist heute natürlich keine Rede mehr!"

„Bei aller Hochachtung vor eurer Werbeidee - **eine** Friedenstaube wäre wahrscheinlich überzeugender!"

1979

„Aber, aber, Herr Kollege - ein paar nazistische Schülerkritzeleien müssen Sie doch nicht so tragisch nehmen!"

1980

1980

„Nichts ist alberner als die Behauptung, ich sei ein Politiker, bei dem allzu leicht die Sicherungen durchbrennen - hat zufällig jemand eine Taschenlampe da?"

1980

„Sie sollten den Herrn Minister u n a u f f ä l l i g bewachen - bringen Sie gefälligst Ihre Dienstwaffe anderweitig unter!"

„Und was halten Sie von der Emanzipation der Frau?"

1980

„Das ist keine sibirische Graugans - das ist Willy Brandt auf inoffizieller Friedensmission!"

1980

„Wahrlich, ich sage euch: Ehe der Hahn dreimal kräht, wird einer unter euch mich verraten!"

„Scheiß-Frauenbewegung!"

1981

„Bei uns, meine Damen und Herren,
rennen Sie sozusagen nur offene Türen ein!"

1981

„HIER SPRICHT DIE POLIZEI:
GEHEN SIE ZURÜCK AUF „LOS" -
ZIEHEN SIE NICHT 4000 MARK EIN!"

1981

„Sie sollten ein Auge auf Oberst Thieme haben - er spricht in letzter Zeit verdächtig oft davon, daß er sich endlich selbstverwirklichen will!"

1982

„Es soll keiner sagen, in der SPD sei nicht das Rüstzeug vorhanden, um sich in der Opposition zu erneuern!"

1982

„Als ich euren Aufruf unterschrieb, ahnte ich doch nicht,
daß die Bimbos in das Bauernhaus nebenan einziehen würden!"

„Wird es nicht langsam Zeit, sich von unserem Retortenbaby zu trennen, Herr Professor?"

1983

„Bitte auf 1950 zurückstellen!"

„So also sieht die Frauengruppe aus, in der du jeden Mittwoch gute Gespräche führst, Anneliese!"

1983

„Du brauchst gar nicht so beifällig mit dem Kopf zu nicken,
Eberhard - damit sind wir gemeint!"

„Nicht auf die Äpfel - auf die frischen Landeier sollten Sie die Hühnerkacke pinseln, Sie Blödmann!"

1984

(ANZEIGE)

Ärger mit Behörden? Nachbarn? Vorgesetzten?
Diesem Scheißstaat?

Rent-a-Demo©
hilft Ihnen.

Nutzen Sie Ihr Grundrecht auf Widerstand!
Wählen Sie aus unserem reichhaltigen Angebot!

★ <u>Mini-Demo</u> (für Preisbewußte): 1 Original-Hausbesetzer auf Öko-Fahrrad. Dauer: 5 Minuten.

★ <u>Standard-Demo:</u> 30 Teilnehmer, teilweise vermummt, inkl. 1 Liedermacher. Dauer: 30 Minuten.

★ <u>Super-Gala-Demo</u> (für den verwöhnten Geschmack): 100 Teilnehmer, inkl. 15 Punker, 3 Kleinkinder, 2 ev. Pastoren (mit Talar 10 % Aufschlag), sowie garantiert echte mittelamerikanische Freiheitskämpfer.*) Dauer: 90 Minuten.

*)Stillende Mütter auf Anfrage.

Platz für Ihre Botschaft.

JA Ich fühle mich provoziert und bestelle hiermit eine Demo in der Ausführung
☐ Mini
☐ Standard
☐ Super-Gala

Die Demo soll wie folgt verlaufen:
☐ Absolut gewaltfrei   ☐ Gewalt nur gegen Sachen
☐ Gewaltfrei   ☐ Wer hat denn mit der Gewalt
☐ Ziemlich gewaltfrei   angefangen?

„Wann haben Sie denn zum erstenmal gemerkt, daß Sie das Lächeln nicht mehr abstellen können?"

1984

„Wenn alle Deutschen morgens im Bett geblieben wären,
wäre Hitler nicht an die Macht gekommen!"

1984

„Geben Sie es doch auf, Herr Geißler - im Alleingang werden Sie die Geburtenrate in der Bundesrepublik nicht erhöhen!"

1984

„Unser Bundespräsident scheint für sein Amt
wie geboren zu sein!"

„Bei dem kommt jede Hilfe zu spät - alles, was er von sich gibt, ist: ‚Die Renten sind sicher, die Renten sind sicher!' "

1984

„Wo Vogel Ferien macht, ist immer schlechtes Wetter!"

„Zuerst die gute Nachricht: Diese Motorsäge ist abgasarm und absolut bleifrei!"

1984

„Grolle nicht grämlich, geifernder Gauch von Greenpeace!"

„Er hat sich riesig über Ihr Geschenk gefreut - kaum jemand ahnt ja, wieviel Kraft es ihn gekostet hat, alle Probleme auszusitzen!"

1985

„Die neuen Bestimmungen der Bundesregierung sehen vor, daß künftig jeder Erwerbstätige persönlich für zwei Rentner aufzukommen hat: Sie beide sind mir zugeteilt worden!"

1985

„Wir wollten Sie bitten, uns den Rentner der Zukunft zu züchten:
Er muß mit zwei Scheiben Knäckebrot pro Tag auskommen!"

1985

„Wenn sich aber hinterher herausstellt, daß Sie gar nicht Waltraud Schoppe von den Grünen sind, habe ich Sie womöglich umsonst geküßt!"

„Es ist die erste ihrer Art mit Sonnenantrieb - trotzdem bin ich sicher, daß die SPD wieder etwas zu meckern haben wird!"

1986

„Wer war das?"

1986

„Diesmal will er persönlich in Wackersdorf für Ordnung sorgen!"

1986

„Wir haben ihn das letzte Mal bei Ludwig Erhard benutzt!"

„ICH SAGTE: DER JOB HIER IST ECHT GEIL, ALTER - ABER NACH DREI MONATEN HAST DU TOTAL 'NEN GEHÖRSCHADEN WEG!"

„Kannst du die Partei denn nicht für einen Augenblick vergessen, Hans-Jochen?"

„Nun wollen wir aber auch nicht größenwahnsinnig werden, Herr Genscher!"

„Ich weiß nicht, was du hast, Oskar - da meldet die Urenkelgeneration ihren Anspruch an!"

„Falls es Sie interessiert: Unser Verhältnis zu
den Bauern ist immer noch getrübt!"

1985

„Noch nie was von Horror-Video gehört?"

1984

„Ach, seien Sie doch so lieb, Herr Grabenhorst,
und machen Sie uns eine Tasse Kaffee!"

1988

„Liebe Mitbürger, hier spricht Umweltminister Töpfer:
Wir wissen auch noch nicht genau, was passiert ist -
aber es besteht kein Grund zur Panik!"

„Funktioniert etwa wieder nur ein Aufzug in diesem Sauladen?"

„Scheiß-Sommerzeit!"

1988

„Schlechte Nachrichten, Herr Professor - das Bundesgesundheitsamt hat Ihr Verjüngungspräparat nicht anerkannt!"

„Guten Tag, Herr Müller - hier ist Ihre Stromrechnung und hier Ihr anteiliger Atommüll!"

„Vielen Dank für das schöne Perestrojka-Spiel, Ronnie - stimmt es, daß Raissa erst vier Häuser auf dem Roten Platz haben muß, ehe sie ein Hotel bauen kann?"

1989

„In der jetzigen Situation kommt es vor allem darauf an, Stehvermögen zu beweisen!"

„Dank der Gentechnik haben wir endlich die ideale Regierung!"

1990

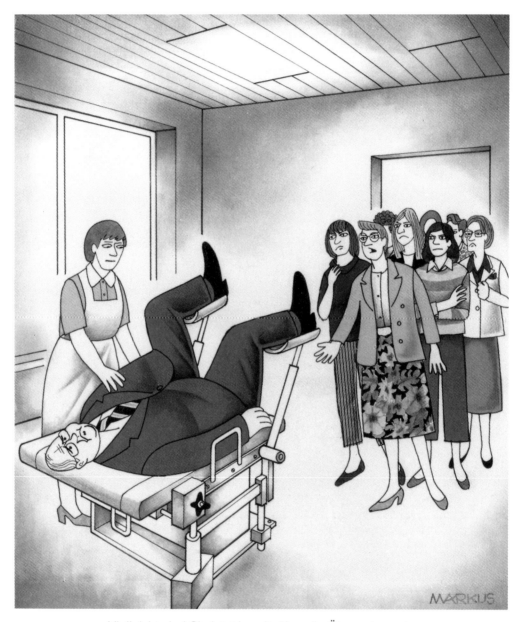

„Vielleicht sind Sie jetzt bereit, über die Übernahme der DDR-Fristenlösung zu diskutieren, Herr Bundeskanzler!"

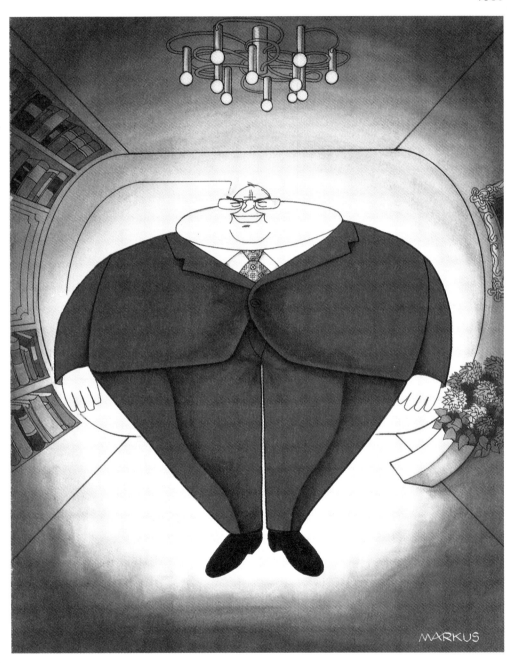

„Na, wie sieht es sich denn durch Ihre neue Kassenbrille, Herr Blüm?"

1989

„Sie hat sich noch nicht entschieden, ob sie eine zweite Steffi Graf oder eine zweite Anne-Sophie Mutter werden will!"

„Ich, Boris Karlowitsch Kohl aus Tadschikistan - zurück in alte Heimat, grüß dich, Vetterchen!"

1990

„Sie sollten mich als den Bismarck des 20. Jahrhunderts darstellen -
aber gefälligst ohne den Hering!"

1990

„Aber, Herr Bundeskanzler - hatten wir uns nicht fest vorgenommen, nicht mehr von der Weltmacht zu träumen?"

„Etwas mehr Einfühlungsvermögen könnte Kollege Müller bei der Einweisung seiner ostdeutschen Mitarbeiter schon zeigen."

1990

„Kannst du Onkel Klaus und Tante Inge aus Chemnitz nicht anders begrüßen als mit 'Alles von unserem Geld'?"

1990

„Das Problem bei den Grundstücken in den fünf neuen Ländern ist,
daß sich täglich mehr ehemalige Besitzer melden!"

„Ich werde den Verdacht nicht los, daß auch Hummer eine Seele haben!"

1990

„Nur Mut, Hans-Jochen - es kann doch keine Rede davon sein, daß die Wahl schon gelaufen ist!"

1991

1991

„Wäre dein Umweltgewissen nicht auch beruhigt, wenn du dem Drogisten nur die Zahnpastaschachteln dagelassen hättest?"

1991

1991

„Das ist ein Nachteil beim neuen Bio-Auto - steckt man länger als eine Stunde im Stau, löst es sich in seine Bestandteile auf!"

„Mit Verlaub, Herr Mozart: Ihre Kleine Nachtmusik ist viel zu laut!"

1991

„Von drauß' vom Walde komm' ich her ..."

„Anna ist nur bereit weiterzuüben, wenn wir ihr zusichern,
daß sie später auch auf einen 100-Mark-Schein kommt!"

1991

1992

„Trägt Monika ihren Antibusengrapsch-BH heute zum ersten Mal?"

1992

„Auch du wirst eines Tages um ein Outing nicht herumkommen, Otmar!"

„Frau Treuenfels hat ihren Mann auf Solarbetrieb umgestellt und lädt ihn gerade auf."

1992

„Frank kann sich mit der autofreien Innenstadt einfach nicht abfinden!"

„Ehrlich, Leute: Wir haben keine Möbel aus Tropenholz - hier ist alles deutsche Eiche!"

1992

1993

„Haben wir nur die falschen Kostüme an, Lieselotte, oder sind wir auf der falschen Veranstaltung?"

„Jetzt mußt du aber wirklich etwas unternehmen, Helmut - in unserer Badewanne ist ein Asylbewerber!"

„Nehmen wir für Molotowcocktails eigentlich Normal oder Super?"

SELBSTERFAHRUNG
Der bewußtseinserweiternde Bericht der Hausfrau Irmgard K.

MEINE MUTTER UND ICH
Die problematischen Protokolle der Daniela W.

LÄNDLICHE ALTERNATIVE
Aus dem Tagebuch der vormaligen Fremdsprachen-Korrespondentin Gesine St.

Als ich meinen Entschluß bekanntgab, reagierte mein Chef verständnislos ...

Wenn Sie unbedingt alternativ leben wollen, könnte ich Ihnen ein nettes 3-Zimmer-Apartment einrichten!

Anm. d. Red.: Dem Wunsch der Autorin, diesen Bericht auf Umweltpapier zu drucken, konnten wir aus technischen Gründen leider nicht nachkommen.

In unserer Landkommune sind Leute aus verschiedenen Berufen ...

Der Ingo war mal 'n bekannter Star-Friseur!

Uns ist wichtig, unsere wahren Bedürfnisse ohne kaputtmachende Technik zu befriedigen ...

Für die Herbstbestellung hätten wir uns vielleicht doch den Traktor von Bauer Hennig borgen sollen!

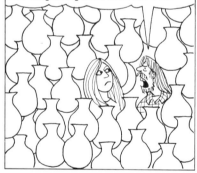

Unsere Erzeugnisse sollen ohne kapitalistische Tricks abgesetzt werden ...

Warum müssen wir darunter leiden, daß die Mareike ihre Töpferei in der Umgebung nicht mehr los wird?

Leider gibt es Typen, die auch bei nichtentfremdeter Arbeit total ausflippen ...

Scheiß-Leistungsdruck!

Gelegentlich kommen irre Aggressionen zwischen Vegetariern und Fleischessern hoch ...

Wir haben keinen Bock mehr auf deine Grünkernsuppe! **Ihr Faschisten!**

Daß hier ständig Touristen-Freaks herumbrausen, ist natürlich unheimlich frustrierend ...

Aber ich dreh doch ein Feature fürs III. Programm!

Unsere Abende sind zur Sensibilisierung neuer Kommunikationsformen da ...

Reschtvomholunderweinfüllnwirmorgnab!

Manchmal sehnst du dich allerdings nach dem ganzen Zivilisations-Scheiß zurück ...

Mit meinem Blinddarm möchte ich doch lieber ins Kreiskrankenhaus!

MARKUS

KARRIERE – NEIN DANKE
Der folgerichtige Entschluß des Sachbearbeiters Ortwin H.

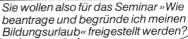